Magiske Eventyr for Børn: Engelsk Dansk Børnebog

Artici Kids

Published by Artici Kids, 2024.

While every precaution has been taken in the preparation of this book, the publisher assumes no responsibility for errors or omissions, or for damages resulting from the use of the information contained herein.

MAGISKE EVENTYR FOR BØRN: ENGELSK DANSK BØRNEBOG

First edition. June 19, 2024.

Copyright © 2024 Artici Kids.

ISBN: 979-8227838858

Written by Artici Kids.

Table of Contents

Maggie and the Magical Rainbow Hair 1

Maggie og det Magiske Regnbuehår 5

Horatio the Heroic Hippo 9

Horatio den Heltemodige Flodhest 13

Captain Melody and the Singing Pirates 17

Kaptajn Melodi og de Syngende Pirater 21

Dazzling Daisy and the Magical Coral Reef 25

Den Dazzlende Daisy og Det Magiske Koralrev 29

Fiona the Flower Fairy and the Enchanted Garden 35

Fiona Blomsterfeen og Den Fortryllede Have 39

Mummy Bear's Great Adventure 43

Mor Bjørns Store Eventyr 47

The Tale of Tilly's Lost Tutu 51

Fortællingen om Tillys Mistede Tutu 55

Percy the Parrot's Peculiar Adventure 59

Percy Papegøjens Sære Eventyr 63

Maggie and the Magical Rainbow Hair

O nce upon a time in the quaint little town of Butterfield, there lived a girl named Maggie. She wasn't just any ordinary girl, for she had the most extraordinary rainbow-colored hair. Maggie's hair wasn't dyed; it was naturally a spectrum of vibrant colors. When the sun shone on it, her hair sparkled like a cascade of jewels.

Maggie's rainbow hair was the talk of the town. Children marveled at it, adults whispered about it, and even the animals seemed to be enchanted by it. Wherever she went, Maggie brought a bit of magic with her.

One sunny morning, Maggie woke up with a feeling that something special was about to happen. She looked out of her window and saw a tiny, shimmering light dancing in the garden. Curious, she hurried outside to investigate.

In the middle of her garden stood a small, peculiar creature. It was no bigger than a teacup, with wings that glowed in every color of the rainbow. Maggie gasped in delight. "Who are you?" she asked.

"I am Trixie, the Rainbow Fairy," the creature replied with a tinkling voice. "I've come to tell you about the magic within your hair."

Maggie's eyes widened. "Magic? In my hair?"

"Yes, indeed," said Trixie. "Your rainbow hair is not just beautiful; it holds the power to bring joy and color to the world. But it's up to you to use it wisely."

From that day on, Maggie's life was filled with adventures. She discovered that by shaking her head, she could create dazzling rainbows in the sky. By braiding her hair, she could make flowers bloom in every shade imaginable. And with a gentle touch, she could brighten even the gloomiest of days.

The townspeople soon noticed the changes. Butterfield became known as the happiest place in the land, filled with laughter and color. Maggie's rainbow hair brought joy to everyone she met. She would visit the sick and the sad, sharing her magic to lift their spirits.

One day, Maggie met a boy named Timmy. Timmy was new to Butterfield and had not yet heard of Maggie's magical hair. He was shy and kept to himself, often hiding behind a book. Maggie, seeing his loneliness, decided to share her secret.

She approached Timmy and said, "Would you like to see something magical?"

Timmy looked up from his book, curiosity sparking in his eyes. Maggie shook her hair, and a beautiful rainbow arched across the sky. Timmy's face lit up with amazement. He had never seen anything so wonderful.

Maggie and Timmy quickly became friends. She taught him how to find joy in the little things and shared her magic with him.

Timmy, in turn, showed Maggie the wonders of books and stories. Together, they created their own tales of adventure and magic.

One day, Trixie the Rainbow Fairy returned. "Maggie, you've used your gift well," she said. "But now, it's time for a new adventure."

Maggie felt a pang of sadness at the thought of leaving Butterfield, but she knew Trixie was right. With a heavy heart, she said goodbye to her friends and set off on a new journey, her rainbow hair shining brightly.

As Maggie traveled, she brought color and joy to many other places. Each town she visited was transformed, just like Butterfield. And wherever she went, she made new friends and had new adventures.

Years later, Maggie returned to Butterfield. The town had grown, but the spirit of joy and color remained. Her old friends welcomed her back with open arms, and Timmy, now a confident young man, greeted her with a smile.

Maggie's rainbow hair was as vibrant as ever, a symbol of the magic she carried within her. She had learned that true magic isn't just about making rainbows or blooming flowers; it's about bringing happiness to others and sharing the beauty of the world.

And so, Maggie lived happily ever after, spreading joy and color wherever she went. Her story became a legend, inspiring children everywhere to believe in the magic within themselves.

Maggie og det Magiske Regnbuehår

Der var engang i den lille by Butterfield en pige ved navn Maggie. Hun var ikke bare en almindelig pige, for hun havde det mest ekstraordinære regnbuefarvede hår. Maggies hår var ikke farvet; det var naturligt en spektrum af levende farver. Når solen skinnede på det, glimtede hendes hår som en kaskade af juveler.

Maggies regnbuehår var byens samtaleemne. Børnene beundrede det, de voksne hviskede om det, og selv dyrene virkede fortryllede af det. Hvor end hun gik, bragte Maggie lidt magi med sig.

En solrig morgen vågnede Maggie med en følelse af, at noget særligt var ved at ske. Hun kiggede ud af vinduet og så et lille, skinnende lys danse i haven. Nysgerrig skyndte hun sig udenfor for at undersøge det.

Midt i hendes have stod en lille, ejendommelig skabning. Den var ikke større end en tekop og havde vinger, der glødede i alle regnbuens farver. Maggie gispede af glæde. "Hvem er du?" spurgte hun.

"Jeg er Trixie, Regnbuefeen," svarede skabningen med en klingende stemme. "Jeg er kommet for at fortælle dig om magien i dit hår."

Maggies øjne blev store. "Magi? I mit hår?"

"Ja, bestemt," sagde Trixie. "Dit regnbuehår er ikke bare smukt; det har kraften til at bringe glæde og farve til verden. Men det er op til dig at bruge det klogt."

Fra den dag var Maggies liv fyldt med eventyr. Hun opdagede, at ved at ryste sit hoved, kunne hun skabe strålende regnbuer på himlen. Ved at flette sit hår kunne hun få blomster til at springe ud i alle tænkelige nuancer. Og med en blid berøring kunne hun lysne selv de mest dystre dage.

Byens folk bemærkede hurtigt forandringerne. Butterfield blev kendt som det lykkeligste sted i landet, fyldt med latter og farver. Maggies regnbuehår bragte glæde til alle, hun mødte. Hun besøgte de syge og triste og delte sin magi for at løfte deres humør.

En dag mødte Maggie en dreng ved navn Timmy. Timmy var ny i Butterfield og havde endnu ikke hørt om Maggies magiske hår. Han var genert og holdt sig for sig selv, ofte skjult bag en bog. Maggie, der så hans ensomhed, besluttede at dele sin hemmelighed.

Hun nærmede sig Timmy og sagde, "Vil du se noget magisk?"

Timmy kiggede op fra sin bog, nysgerrigheden lyste i hans øjne. Maggie rystede sit hår, og en smuk regnbue buede sig over himlen. Timmys ansigt lyste op af forbløffelse. Han havde aldrig set noget så vidunderligt.

Maggie og Timmy blev hurtigt venner. Hun lærte ham at finde glæde i de små ting og delte sin magi med ham. Timmy til gengæld viste Maggie bøgernes og historiernes vidundere. Sammen skabte de deres egne eventyr og magiske fortællinger.

En dag vendte Trixie, Regnbuefeen, tilbage. "Maggie, du har brugt din gave godt," sagde hun. "Men nu er det tid til et nyt eventyr."

Maggie følte en snert af sorg ved tanken om at forlade Butterfield, men hun vidste, at Trixie havde ret. Med tungt hjerte sagde hun farvel til sine venner og drog ud på en ny rejse, hendes regnbuehår skinnende klart.

Mens Maggie rejste, bragte hun farve og glæde til mange andre steder. Hver by, hun besøgte, blev forvandlet, ligesom Butterfield. Og hvor hun end gik, fik hun nye venner og oplevede nye eventyr.

År senere vendte Maggie tilbage til Butterfield. Byen var vokset, men ånden af glæde og farver var bevaret. Hendes gamle venner tog imod hende med åbne arme, og Timmy, nu en selvsikker ung mand, hilste hende med et smil.

Maggies regnbuehår var lige så levende som altid, et symbol på den magi, hun bar inden i sig. Hun havde lært, at ægte magi ikke kun handler om at skabe regnbuer eller få blomster til at springe ud; det handler om at bringe lykke til andre og dele verdens skønhed.

Og således levede Maggie lykkeligt til sine dages ende, spredte glæde og farver hvor hun end gik. Hendes historie blev en legende, der inspirerede børn overalt til at tro på magien i sig selv.

Horatio the Heroic Hippo

In the bustling savannah of Serendipity Springs, where the golden grass swayed under the warm sun, lived a hippo named Horatio. Horatio was no ordinary hippo; he was the kindest, most thoughtful hippo you could ever meet. But there was something special about Horatio that made him stand out even more—he dreamed of being a hero.

Every day, Horatio watched the other animals of the savannah. He saw the cheetahs racing, the elephants trumpeting, and the giraffes towering over everyone. He longed to be brave and strong, just like them. Yet, most of the time, Horatio was just seen as the big, clumsy hippo who loved to wallow in the mud.

One bright morning, as Horatio lounged in his favorite mud pool, he heard a distant cry for help. His ears perked up, and his heart began to race. Without a moment's hesitation, Horatio lumbered out of the mud and followed the sound.

He found a young meerkat named Millie stuck in a thorn bush. Her tiny paws were caught, and she was wincing in pain. Horatio's huge frame could easily push through the thorns, but he knew he had to be gentle. With utmost care, he used his large mouth to part the branches and free Millie.

"Thank you, Horatio," Millie squeaked, her eyes wide with gratitude. "You're a hero!"

Horatio beamed with pride. For the first time, someone saw him as more than just a muddy hippo.

News of Horatio's bravery spread through Serendipity Springs. The animals began to look at him differently. They saw not just his size but his gentle heart and willingness to help others.

One day, as Horatio was basking in the afternoon sun, he heard another commotion. This time, it was a frantic mother zebra. Her foal had wandered too close to the riverbank, and the current was strong.

Horatio wasted no time. He rushed to the river and spotted the struggling foal. Diving into the water, Horatio used his powerful legs to swim against the current. He reached the foal and gently nudged it onto his back. With steady strokes, he brought the foal safely to shore.

"You saved my baby," the mother zebra wept with relief. "You truly are a hero, Horatio."

The word "hero" echoed in Horatio's ears. It was a title he had always dreamed of but never thought he'd earn. Yet, here he was, living his dream.

Days turned into weeks, and Horatio's acts of heroism became legendary in the savannah. He saved a parrot trapped in a net, guided lost antelope back to their herd, and even helped a tortoise cross a busy path. With each rescue, Horatio's confidence grew, and so did the admiration from his fellow animals.

But Horatio's greatest challenge came one stormy night. The sky was dark and filled with roaring thunder. The animals of Serendipity Springs huddled together, seeking shelter. Suddenly, a bolt of lightning struck a tree near the edge of the savannah, setting it ablaze.

Panic spread quickly. The fire threatened to engulf the homes of many animals. Horatio knew he had to act fast. Summoning all his courage, he charged towards the fire. His large body and thick skin made him less vulnerable to the flames.

Using his powerful legs, Horatio created a barrier between the fire and the animals' homes. He stomped out the smaller flames and used his strength to knock down burning branches. Despite the heat and danger, Horatio didn't waver.

The rain finally came, helping to douse the remaining flames. Exhausted but triumphant, Horatio collapsed to the ground. The animals cheered and gathered around their hero.

"Horatio, you saved us all," they exclaimed. "You're the bravest hippo in the savannah!"

From that day on, Horatio was no longer just a hippo who loved mud. He was known as Horatio the Heroic Hippo, the one who always helped those in need. The other animals looked up to him, not just for his strength but for his kindness and bravery.

Horatio's heart swelled with pride. He had always wanted to be a hero, and now he knew that true heroism wasn't about being the fastest or the strongest. It was about having the courage to help others, no matter how big or small the task.

And so, Horatio continued to live in Serendipity Springs, always ready to lend a helping hand—or hoof. He had found his place in the savannah, not just as a hero, but as a friend to all.

His story became a legend, told by parents to their children, inspiring generations to believe in the power of kindness and bravery. Horatio the Heroic Hippo had shown that anyone, no matter their size or shape, could be a hero.

Horatio den Heltemodige Flodhest

I den travle savanne i Serendipity Springs, hvor det gyldne græs svajede under den varme sol, boede der en flodhest ved navn Horatio. Horatio var ikke en almindelig flodhest; han var den venligste, mest betænksomme flodhest, man kunne møde. Men der var noget særligt ved Horatio, som gjorde ham endnu mere speciel—han drømte om at blive en helt.

Hver dag så Horatio på de andre dyr i savannen. Han så geparderne løbe, elefanterne trompetere og girafferne tårne sig op over alle. Han længtes efter at være modig og stærk ligesom dem. Men for det meste blev Horatio bare set som den store, klodsede flodhest, der elskede at rulle sig i mudderet.

En lys morgen, mens Horatio slappede af i sin yndlings mudderpøl, hørte han et fjernt råb om hjælp. Hans ører spidsede sig, og hans hjerte begyndte at slå hurtigere. Uden et øjebliks tøven luntede Horatio ud af mudderet og fulgte lyden.

Han fandt en ung surikat ved navn Millie, der sad fast i en tjørnebusk. Hendes små poter var fanget, og hun skar tænder af smerte. Horatios store krop kunne nemt skubbe gennem tjørnene, men han vidste, at han måtte være forsigtig. Med største omhu brugte han sin store mund til at dele grenene og befri Millie.

"Tak, Horatio," peb Millie, hendes øjne store af taknemmelighed. "Du er en helt!"

Horatio strålede af stolthed. For første gang så nogen ham som mere end bare en mudderelskende flodhest.

Nyheden om Horatios mod spredte sig gennem Serendipity Springs. Dyrene begyndte at se anderledes på ham. De så ikke kun hans størrelse, men også hans venlige hjerte og vilje til at hjælpe andre.

En dag, mens Horatio baskede sig i eftermiddagssolen, hørte han en ny larm. Denne gang var det en desperat zebra-mor. Hendes føl var kommet for tæt på flodbredderne, og strømmen var stærk.

Horatio spildte ingen tid. Han skyndte sig til floden og fik øje på det kæmpende føl. Han dykkede ned i vandet og brugte sine kraftige ben til at svømme mod strømmen. Han nåede føllet og skubbede det forsigtigt op på sin ryg. Med sikre svømmetag bragte han føllet sikkert i land.

"Du reddede mit barn," græd zebra-moren af lettelse. "Du er virkelig en helt, Horatio."

Ordet "helt" rungede i Horatios ører. Det var en titel, han altid havde drømt om, men aldrig troet, han ville opnå. Men her var han, og levede sin drøm.

Dagene gik, og Horatios heltegerninger blev legendariske i savannen. Han reddede en papegøje, der var fanget i et net, guidede fortabte antiloper tilbage til deres flok og hjalp endda en skildpadde med at krydse en travl sti. Med hver redning voksede Horatios selvtillid, og beundringen fra de andre dyr gjorde det samme.

Men Horatios største udfordring kom en stormfuld nat. Himlen var mørk og fyldt med buldrende torden. Dyrene i Serendipity Springs klyngede sig sammen og søgte ly. Pludselig slog et lyn ned i et træ nær savannens kant og satte det i brand.

Panikken bredte sig hurtigt. Ilden truede med at opsluge mange dyrs hjem. Horatio vidste, at han måtte handle hurtigt. Han samlede alt sit mod og stormede mod ilden. Hans store krop og tykke hud gjorde ham mindre sårbar over for flammerne.

Med sine kraftige ben skabte Horatio en barriere mellem ilden og dyrenes hjem. Han trampede de mindre flammer ud og brugte sin styrke til at vælte brændende grene. Trods varmen og faren vaklede Horatio ikke.

Regnen kom endelig og hjalp med at slukke de resterende flammer. Udmattet, men triumferende, faldt Horatio til jorden. Dyrene jublede og samledes omkring deres helt.

"Horatio, du reddede os alle," råbte de. "Du er den modigste flodhest i savannen!"

Fra den dag var Horatio ikke længere bare en flodhest, der elskede mudder. Han var kendt som Horatio den Heltemodige Flodhest, der altid hjalp dem i nød. De andre dyr så op til ham, ikke kun for hans styrke, men for hans venlighed og mod.

Horatios hjerte svulmede af stolthed. Han havde altid ønsket at være en helt, og nu vidste han, at ægte heltemod ikke kun handlede om at være den hurtigste eller stærkeste. Det handlede om at have modet til at hjælpe andre, uanset hvor stor eller lille opgaven var.

Og således fortsatte Horatio med at bo i Serendipity Springs, altid klar til at give en hjælpende hånd—eller hov. Han havde fundet sin plads i savannen, ikke kun som en helt, men som en ven til alle.

Hans historie blev en legende, fortalt af forældre til deres børn, der inspirerede generationer til at tro på kraften i venlighed og mod. Horatio den Heltemodige Flodhest havde vist, at alle, uanset deres størrelse eller form, kunne være en helt.

Captain Melody and the Singing Pirates

Once upon a time, in the salty seas of Jolly Roger's Bay, there sailed a pirate ship like no other. The ship, named The Harmony, was crewed by pirates who weren't just fearsome swashbucklers—they were also the best singers on the seven seas. Leading this melodic crew was the remarkable Captain Melody.

Captain Melody was not your typical pirate. With a feathered hat perched jauntily on her head and a voice that could charm a mermaid, she commanded her ship with grace and a song in her heart. Her parrot, Harmony, perched on her shoulder, would often join in with a tuneful squawk.

The Harmony's crew consisted of a motley bunch of pirates, each with their own unique singing talent. There was Bass Barbossa with his deep, rumbling voice, Tenor Tim who could hit the highest notes, and Alto Anne who sang with the sweetness of honey. Together, they sailed the seas, bringing joy and music to every port they visited.

One sunny morning, as the waves danced and the seagulls sang their own sea shanty, Captain Melody gathered her crew on the deck. "Lads and lasses, today we sail to Treasure Island!" she announced, her voice ringing like a bell.

The crew cheered, and Tenor Tim played a joyful tune on his accordion. Treasure Island was a place of legend, rumored to hold a chest of gold and jewels beyond imagination. But Captain Melody was more interested in the island's legendary treasure—the Golden Harp, an instrument said to have magical powers.

With the wind in their sails and a song on their lips, The Harmony set off. The journey was long, filled with challenges that tested the crew's courage and harmony. They faced storms that threatened to tear their sails, but Captain Melody's voice would rise above the howling wind, leading her crew through the tempest with songs of bravery and hope.

One night, under a sky sprinkled with stars, the crew was serenading the moon when they heard a haunting melody drifting across the water. It was the infamous Captain Cutthroat and his band of rogue pirates, known for their tuneless screeches and fearsome ways.

Captain Melody's heart sank. Cutthroat was notorious for stealing treasures and silencing the songs of those he conquered. But she knew that they had to face him if they were to reach Treasure Island.

As the two ships drew close, Captain Cutthroat cackled from his deck. "Surrender your ship and your songs, Captain Melody, or face my wrath!"

Captain Melody stood tall, her feathered hat catching the moonlight. "We will never surrender our songs, Cutthroat! Prepare to be harmonized!"

With a nod from Melody, Bass Barbossa started a deep, resonant note that shook The Harmony. Tenor Tim and Alto Anne joined in, their voices weaving together in a powerful harmony. The sound was so pure and strong that it created waves in the water.

Cutthroat's crew tried to counter with their screeches, but they were no match for the beautiful music. The Harmony's song grew louder, wrapping around the rogue pirates like a warm embrace. The more they sang, the less fearsome Cutthroat's crew appeared. Soon, they were tapping their feet and swaying to the rhythm.

Even Captain Cutthroat found himself humming along, his fierce expression softening. Captain Melody seized the moment. "Join us, Cutthroat. There's more power in harmony than in discord."

With a reluctant smile, Captain Cutthroat agreed. The two crews merged, and together, they sang into the night, their voices echoing across the waves.

When they finally reached Treasure Island, the combined crew of The Harmony and Cutthroat's ship worked together to find the Golden Harp. It was hidden in a cave guarded by enchanted creatures who could only be soothed by music.

Captain Melody led the way, her voice clear and strong. The pirates followed, their harmonies calming the magical creatures and lighting their path. Deep within the cave, they found the Golden Harp, its strings shimmering with a light of their own.

As Captain Melody strummed the harp, a wondrous melody filled the air, enchanting everyone. The pirates cheered, their voices blending in a triumphant chorus.

With the Golden Harp, Captain Melody and her crew returned to Jolly Roger's Bay. They became legends, known as the singing pirates who brought joy and music to every corner of the world. They proved that the greatest treasure wasn't gold or jewels, but the harmony of voices united in song.

And so, Captain Melody and her singing pirates sailed on, their hearts and voices always in tune, spreading music and happiness wherever they went.

Kaptajn Melodi og de Syngende Pirater

Der var engang, på de salte have ved Jolly Rogers Bugt, et piratskib som intet andet. Skibet, kaldet Harmoni, var bemandet med pirater, der ikke kun var frygtindgydende søfolk—de var også de bedste sangere på de syv have. Ledende denne melodiske besætning var den bemærkelsesværdige Kaptajn Melodi.

Kaptajn Melodi var ikke en typisk pirat. Med en fjerhat placeret kækt på hovedet og en stemme, der kunne charmere en havfrue, styrede hun sit skib med ynde og en sang i hjertet. Hendes papegøje, Harmoni, sad ofte på hendes skulder og deltog med en melodisk skræppen.

Harmoniskibets besætning bestod af en broget flok pirater, hver med deres unikke sangtalent. Der var Bas Barbossa med sin dybe, rumlende stemme, Tenor Tim, der kunne ramme de højeste toner, og Alt Anne, der sang med honningsødme. Sammen sejlede de på havene og bragte glæde og musik til hver havn, de besøgte.

En solrig morgen, mens bølgerne dansede og mågerne sang deres egen sømandsvise, samlede Kaptajn Melodi sin besætning på dækket. "Lad og lassier, i dag sejler vi til Skatteøen!" annoncerede hun, hendes stemme klingede som en klokke.

Besætningen jublede, og Tenor Tim spillede en glædelig melodi på sin harmonika. Skatteøen var et legendarisk sted, rygter om en kiste med guld og juveler ud over fantasiens grænser. Men Kaptajn Melodi var mere interesseret i øens legendariske skat—den Gyldne Harpe, et instrument, der siges at have magiske kræfter.

Med vinden i sejlene og en sang på læberne satte Harmoni af sted. Rejsen var lang og fyldt med udfordringer, der testede besætningens mod og harmoni. De mødte storme, der truede med at rive deres sejl, men Kaptajn Melodis stemme steg over den hylende vind og ledte sin besætning gennem stormen med sange om mod og håb.

En nat, under en stjerneklar himmel, serenaderede besætningen månen, da de hørte en spøgelsesagtig melodi drive over vandet. Det var den berygtede Kaptajn Koldblod og hans bande af slyngelpirater, kendt for deres skingre skrig og frygtindgydende måde.

Kaptajn Melodis hjerte sank. Koldblod var berygtet for at stjæle skatte og tie sangene fra dem, han overvandt. Men hun vidste, at de måtte konfrontere ham, hvis de skulle nå Skatteøen.

Da de to skibe kom tættere på hinanden, lo Kaptajn Koldblod fra sit dæk. "Overgiv dit skib og dine sange, Kaptajn Melodi, eller mød min vrede!"

Kaptajn Melodi stod rank, hendes fjerhat fangede månelyset. "Vi vil aldrig overgive vores sange, Koldblod! Gør dig klar til at blive harmoniseret!"

Med et nik fra Melodi begyndte Bas Barbossa på en dyb, resonant tone, der rystede Harmoni. Tenor Tim og Alt Anne stemte i, deres stemmer vævet sammen i en kraftfuld harmoni. Lyden var så ren og stærk, at den skabte bølger i vandet.

Koldblods besætning prøvede at modsvare med deres skrig, men de var ingen match for den smukke musik. Harmoniskibets sang voksede højere, og omsluttede slyngelpiraterne som en varm omfavnelse. Jo mere de sang, jo mindre frygtindgydende virkede Koldblods besætning. Snart tappede de med fødderne og svajede i takt.

Selv Kaptajn Koldblod fandt sig selv nynnende med, hans barske udtryk blødende op. Kaptajn Melodi greb øjeblikket. "Slut dig til os, Koldblod. Der er mere kraft i harmoni end i disharmoni."

Med et tøvende smil gik Kaptajn Koldblod med til det. De to besætninger smeltede sammen, og sammen sang de ind i natten, deres stemmer ekkoede over bølgerne.

Da de endelig nåede Skatteøen, arbejdede den samlede besætning fra Harmoni og Koldblods skib sammen for at finde den Gyldne Harpe. Den var skjult i en hule bevogtet af fortryllede væsener, der kun kunne beroliges med musik.

Kaptajn Melodi gik forrest, hendes stemme klar og stærk. Piraterne fulgte, deres harmonier beroligende de magiske væsener og oplyste deres vej. Dybt inde i hulen fandt de den Gyldne Harpe, dens strenge glimtede med et eget lys.

Da Kaptajn Melodi klimprede på harpen, fyldte en vidunderlig melodi luften og fortryllede alle. Piraterne jublede, deres stemmer flettet sammen i et triumferende kor.

Med den Gyldne Harpe vendte Kaptajn Melodi og hendes besætning tilbage til Jolly Rogers Bugt. De blev legender, kendt som de syngende pirater, der bragte glæde og musik til alle verdens hjørner. De beviste, at den største skat ikke var guld eller juveler, men harmonien af stemmer forenet i sang.

Og så sejlede Kaptajn Melodi og hendes syngende pirater videre, deres hjerter og stemmer altid i takt, spredende musik og lykke, hvor end de kom.

Dazzling Daisy and the Magical Coral Reef

In the shimmering, azure waters of Sparkling Bay, there lived a dolphin named Daisy. Daisy was not an ordinary dolphin—she was the fastest swimmer, the highest jumper, and, most remarkably, she had a special gift. Daisy could dazzle everyone with her beautiful, glowing skin, which lit up in a rainbow of colors whenever she was happy.

Daisy lived with her pod in the warm waters, where she spent her days exploring the coral reefs, playing with her friends, and showing off her acrobatic flips and spins. Every creature in the ocean loved Daisy, not just for her dazzling display, but also for her kind heart and brave spirit.

One sunny morning, as Daisy and her friends were playing tag among the coral, they heard a strange noise. It was coming from the far side of the reef, a place they seldom visited. Curious and unafraid, Daisy led the way. As they approached, they saw a little sea turtle tangled in a fishing net, struggling to free itself.

Without hesitation, Daisy sprang into action. Using her strong nose and agile body, she carefully untangled the net from around the turtle. The moment the last knot was freed, the turtle swam around Daisy in circles, overjoyed and grateful.

"Thank you, Daisy," the turtle said, tears of relief in its eyes. "I was so scared!"

Daisy smiled and nuzzled the turtle. "Don't worry, you're safe now. Always be careful around these parts."

Word of Daisy's bravery spread throughout Sparkling Bay. The creatures of the sea admired her even more and often came to her for help. Whether it was guiding lost fish back to their school or helping crabs find new shells, Daisy was always ready to lend a fin.

One evening, as the sun set and the sea turned a shade of gold, Daisy's pod was gathered around, listening to a story from Old Ben, the wise old whale. He spoke of a hidden treasure in the depths of the Magical Coral Reef, guarded by an ancient octopus named Orion. The treasure, he said, was not gold or jewels, but a powerful crystal that could protect Sparkling Bay from any harm.

The story intrigued Daisy. She knew that finding this treasure could ensure the safety of all her friends. So, she decided to embark on the adventure of a lifetime.

Early the next morning, Daisy set out alone, determined to find the Magical Coral Reef and the crystal it guarded. She swam past familiar territories, through dark underwater caves, and into unknown waters. The journey was long and challenging, but Daisy's determination never wavered.

After several days, Daisy finally reached the Magical Coral Reef. It was more beautiful than she had ever imagined, with corals of every color and fish that glowed like stars. But Daisy knew she had to stay focused on her mission.

As she swam deeper into the reef, she encountered Orion, the ancient octopus. Orion was enormous, with long, graceful tentacles and wise eyes that seemed to hold the secrets of the ocean.

"Who dares enter my domain?" Orion's voice echoed through the water.

"I am Daisy, from Sparkling Bay," Daisy said bravely. "I seek the crystal to protect my home and friends."

Orion studied her for a moment. "To earn the crystal, you must prove your worthiness. Complete three tasks that test your courage, kindness, and wisdom."

Daisy nodded, ready for the challenge.

"For your first task," Orion began, "you must save the injured seahorse trapped in the sunken ship."

Daisy swam quickly to the shipwreck, where she found a tiny seahorse with a broken fin. She gently carried the seahorse to safety and stayed by its side until it was healed. Daisy's kindness shone through, and the seahorse thanked her with a glowing smile.

"Your second task," Orion continued, "is to retrieve the lost pearl from the clutches of the mischievous eels."

Daisy bravely swam to the eel's den. The eels hissed and snapped at her, but she used her speed and agility to dodge their attacks. With a swift movement, she grabbed the pearl and raced back to Orion, unharmed.

"For your final task," Orion said, "you must navigate through the Maze of Mirrors and bring back a shard of the magical coral."

The Maze of Mirrors was a labyrinth of reflective corals that confused anyone who entered. Daisy took a deep breath and swam in, relying on her wisdom and sense of direction. She carefully avoided dead ends and deceptive reflections until she found the magical coral. Breaking off a small shard, she exited the maze and presented it to Orion.

Orion was impressed. "You have shown great courage, kindness, and wisdom. The crystal is yours."

He handed Daisy the crystal, which glowed with a brilliant light. "Use it well, Daisy, to protect your home."

Daisy thanked Orion and swam back to Sparkling Bay, her heart swelling with pride. When she returned, she was greeted with cheers and applause from her friends and family. She placed the crystal in a special spot in the heart of the bay, where its protective magic spread throughout the waters.

From that day on, Sparkling Bay was a place of peace and safety. Daisy had proven that even the smallest of creatures could achieve great things with bravery, kindness, and wisdom.

And so, Daisy continued to live in Sparkling Bay, dazzling everyone with her radiant colors and her heroic deeds. Her story became a legend, inspiring young dolphins to be brave and kind, just like her.

Den Dazzlende Daisy og Det Magiske Koralrev

I det glitrende, azurblå vand i Glitrende Bugt levede der en delfin ved navn Daisy. Daisy var ikke en almindelig delfin—hun var den hurtigste svømmer, den højeste springer, og, mest bemærkelsesværdigt, hun havde en særlig gave. Daisy kunne forbløffe alle med sin smukke, glødende hud, der lyste i regnbuens farver, når hun var glad.

Daisy boede med sin flok i de varme vande, hvor hun tilbragte sine dage med at udforske koralrevene, lege med sine venner og vise sine akrobatiske spring og spins. Hvert væsen i havet elskede Daisy, ikke kun for hendes forbløffende udseende, men også for hendes venlige hjerte og modige ånd.

En solrig morgen, mens Daisy og hendes venner legede tagfat blandt korallerne, hørte de en mærkelig lyd. Den kom fra den fjerne side af revet, et sted de sjældent besøgte. Nysgerrig og frygtløs førte Daisy an. Da de nærmede sig, så de en lille havskildpadde fanget i et fiskegarn, kæmpende for at befri sig selv.

Uden tøven sprang Daisy i aktion. Ved hjælp af sin stærke næse og smidige krop løsrev hun forsigtigt nettet fra omkring skildpadden. I samme øjeblik det sidste knude var løst, svømmede skildpadden rundt om Daisy i cirkler, overvældet af glæde og taknemmelighed.

"Tak, Daisy," sagde skildpadden med tårer af lettelse i øjnene. "Jeg var så bange!"

Daisy smilede og nussede skildpadden. "Bare rolig, du er i sikkerhed nu. Vær altid forsigtig i disse områder."

Nyheden om Daisys mod spredte sig gennem Glitrende Bugt. Havets væsener beundrede hende endnu mere og kom ofte til hende for hjælp. Uanset om det var at lede fortabte fisk tilbage til deres stime eller hjælpe krabber med at finde nye skaller, var Daisy altid klar til at låne en finne.

En aften, da solen gik ned og havet blev gyldent, var Daisys flok samlet og lyttede til en historie fra Gamle Ben, den vise gamle hval. Han talte om en skjult skat i dybet af det Magiske Koralrev, bevogtet af en ældgammel blæksprutte ved navn Orion. Skatten, sagde han, var ikke guld eller juveler, men en kraftfuld krystal, der kunne beskytte Glitrende Bugt mod enhver fare.

Historien fascinerede Daisy. Hun vidste, at finde denne skat kunne sikre sikkerheden for alle hendes venner. Så hun besluttede at begive sig ud på sit livs eventyr.

Tidligt næste morgen satte Daisy alene af sted, fast besluttet på at finde det Magiske Koralrev og den krystal, det bevogtede. Hun svømmede forbi kendte områder, gennem mørke undervandsgrotter og ind i ukendte vande. Rejsen var lang og udfordrende, men Daisys beslutsomhed vaklede aldrig.

Efter flere dage nåede Daisy endelig det Magiske Koralrev. Det var smukkere, end hun nogensinde havde forestillet sig, med koraller i alle farver og fisk, der glødede som stjerner. Men Daisy vidste, at hun måtte holde fokus på sin mission.

Da hun svømmede dybere ind i revet, mødte hun Orion, den ældgamle blæksprutte. Orion var enorm, med lange, yndefulde tentakler og vise øjne, der syntes at holde på havets hemmeligheder.

"Hvem vover at træde ind i mit domæne?" Orions stemme genlød gennem vandet.

"Jeg er Daisy fra Glitrende Bugt," sagde Daisy modigt. "Jeg søger krystallen for at beskytte mit hjem og mine venner."

Orion studerede hende et øjeblik. "For at fortjene krystallen skal du bevise din værdighed. Fuldfør tre opgaver, der tester dit mod, din venlighed og din visdom."

Daisy nikkede, klar til udfordringen.

"Til din første opgave," begyndte Orion, "skal du redde den sårede søhest fanget i det sunkne skib."

Daisy svømmede hurtigt til skibsvraget, hvor hun fandt en lille søhest med en brækket finne. Hun bar forsigtigt søhesten i sikkerhed og blev ved dens side, indtil den var helet. Daisys venlighed skinnede igennem, og søhesten takkede hende med et glødende smil.

"Din anden opgave," fortsatte Orion, "er at hente den tabte perle fra de frække åles klør."

Daisy svømmede modigt til ålens hule. Ålene hvæsede og snappede efter hende, men hun brugte sin hurtighed og smidighed til at undvige deres angreb. Med en hurtig bevægelse greb hun perlen og svømmede tilbage til Orion, uden at være kommet noget til.

"Til din sidste opgave," sagde Orion, "skal du navigere gennem Spejl-labyrinten og bringe en skår af den magiske koral tilbage."

Spejl-labyrinten var en labyrint af reflekterende koraller, der forvirrede enhver, der gik ind. Daisy tog en dyb indånding og svømmede ind, stolende på sin visdom og retningssans. Hun undgik omhyggeligt blindgyder og bedragende refleksioner, indtil hun fandt den magiske koral. Hun brækkede en lille skår af og forlod labyrinten, præsenterende den for Orion.

Orion var imponeret. "Du har vist stort mod, venlighed og visdom. Krystallen er din."

Han rakte Daisy krystallen, der glødede med et strålende lys. "Brug den godt, Daisy, til at beskytte dit hjem."

Daisy takkede Orion og svømmede tilbage til Glitrende Bugt, hendes hjerte svulmede af stolthed. Da hun vendte tilbage, blev hun mødt med jubel og klapsalver fra sine venner og familie. Hun placerede krystallen på en særlig plads i hjertet af bugten, hvor dens beskyttende magi spredte sig gennem vandene.

Fra den dag var Glitrende Bugt et sted med fred og sikkerhed. Daisy havde bevist, at selv de mindste væsener kunne opnå store ting med mod, venlighed og visdom.

Og således fortsatte Daisy med at bo i Glitrende Bugt, forbløffende alle med sine strålende farver og sine heroiske gerninger. Hendes historie blev en legende, der inspirerede unge delfiner til at være modige og venlige, ligesom hende.

Fiona the Flower Fairy and the Enchanted Garden

Once upon a time, in a land filled with magical wonders, there lived a flower fairy named Fiona. Fiona was a tiny, delicate creature with wings that shimmered like the morning dew on a spider's web. Her hair was a cascade of golden curls, and her eyes sparkled like emeralds. But what made Fiona truly special was her gift of making flowers bloom with just a touch.

Fiona lived in the heart of the Enchanted Garden, a place where the flowers sang sweet melodies, and the trees whispered ancient secrets. Every day, she would flutter around, spreading joy and beauty with her magical touch. The roses would blush a deeper red, the daisies would stand a little taller, and the lilies would spread their petals wide to soak in the sun.

One sunny morning, as Fiona was tending to a bed of violets, she noticed something unusual. The flowers in the far corner of the garden were wilting, their colors fading and their petals drooping. This was strange, as the Enchanted Garden was always in full bloom.

Concerned, Fiona flew over to investigate. She touched a wilted daisy with her hand, but nothing happened. The flower remained limp and lifeless. Fiona's heart sank. How could this be?

Just then, an old, wise oak tree named Oliver rustled its leaves and spoke in a gentle voice, "Fiona, the flowers are wilting because the Magic Crystal has been stolen from the Heart of the Garden. Without it, the enchantment that keeps our garden alive is fading."

Fiona gasped. The Magic Crystal was the source of all the garden's magic. Without it, the entire Enchanted Garden would wither away. "Who could have taken it?" she asked, her voice trembling.

Oliver sighed, his branches drooping. "It was stolen by Griselda, the wicked witch who lives in the Dark Forest. She envies our garden's beauty and wants to destroy it."

Fiona knew she had to get the Magic Crystal back, no matter the danger. With a determined look, she set off towards the Dark Forest. The journey was long and fraught with perils. Fiona flew over thorny bushes, through swirling mists, and past eerie shadows. But she was not afraid. The thought of saving her beloved garden gave her courage.

As she entered the Dark Forest, the trees loomed tall and menacing, their branches like twisted claws. Fiona heard cackling laughter echoing through the gloom. It was Griselda, reveling in her mischief.

Fiona followed the sound and soon found the witch in a clearing, holding the Magic Crystal. Griselda was a frightful sight, with wild hair and eyes that gleamed with malice. But Fiona stood her ground.

"Give back the Magic Crystal, Griselda!" Fiona demanded, her voice steady. "The Enchanted Garden needs it to survive."

Griselda sneered. "And why should I, little fairy? What can you possibly do to stop me?"

Fiona took a deep breath and spoke from her heart. "Because the garden is a place of beauty and happiness. It brings joy to everyone who visits. Destroying it won't bring you happiness. Only kindness and love can do that."

For a moment, Griselda's eyes softened, but then she scowled. "Enough of your foolishness! If you want the crystal, you'll have to defeat me."

With that, Griselda waved her wand, and a swarm of dark, shadowy creatures appeared, ready to attack Fiona. But Fiona was quick and clever. She darted through the air, her wings a blur of light. She used her magic to create a barrier of flowers, shielding herself from the shadows.

The battle raged on, but Fiona's determination never wavered. She called upon the spirit of the garden, and flowers from all around the Dark Forest responded to her plea. They grew and twisted, trapping the shadowy creatures in a fragrant prison.

Griselda, seeing her minions defeated, grew furious. She raised her wand to cast a final, terrible spell, but Fiona, with a burst of speed, snatched the Magic Crystal from the witch's grasp.

"No!" Griselda screamed, but it was too late. Fiona held the crystal high, and its light spread throughout the forest, banishing the darkness and restoring the magic to the Enchanted Garden.

With the crystal safely in her hands, Fiona flew back to the garden. As soon as she placed it back in the Heart of the Garden, the flowers perked up, their colors vibrant and their petals strong. The trees swayed in joy, and the air was filled with the sweet scent of blooming flowers.

Oliver the Oak tree spoke again, his voice filled with pride. "You have done it, Fiona. You have saved the Enchanted Garden."

Fiona smiled, her heart swelling with happiness. "It wasn't just me," she said, looking around at the garden. "It was the spirit of the garden and the love we all share that saved it."

From that day on, the Enchanted Garden flourished more than ever. Fiona continued to spread joy and beauty, knowing that love and kindness were the true magic that kept the garden alive.

And as for Griselda, she too changed. Touched by Fiona's words, she slowly learned the value of kindness and eventually became a friend to the garden, helping to protect it from harm.

Fiona Blomsterfeen og Den Fortryllede Have

———

Engang for længe siden, i et land fyldt med magiske vidundere, levede der en blomsterfe ved navn Fiona. Fiona var en lille, delikat skabning med vinger, der glimtede som morgendug på et edderkoppespind. Hendes hår var en kaskade af gyldne krøller, og hendes øjne strålede som smaragder. Men hvad der gjorde Fiona virkelig speciel, var hendes evne til at få blomster til at blomstre med et enkelt tryk.

Fiona boede i hjertet af Den Fortryllede Have, et sted hvor blomsterne sang søde melodier, og træerne hviskede gamle hemmeligheder. Hver dag fløj hun rundt og spredte glæde og skønhed med sit magiske touch. Roserne blev dybere røde, margueritterne stod lidt højere, og liljerne spredte deres kronblade vidt for at suge solen til sig.

En solrig morgen, mens Fiona passede en blomsterbed med violer, bemærkede hun noget usædvanligt. Blomsterne i den fjerne ende af haven visnede, deres farver falmede, og deres kronblade hang slapt. Dette var mærkeligt, da Den Fortryllede Have altid var i fuldt flor.

Bekymret fløj Fiona over for at undersøge det. Hun rørte ved en visnet marguerit med sin hånd, men intet skete. Blomsten forblev slap og livløs. Fionas hjerte sank. Hvordan kunne dette være?

Netop da raslede det gamle, vise egetræ, Oliver, med sine blade og talte med en blid stemme, "Fiona, blomsterne visner, fordi den Magiske Krystal er blevet stjålet fra Havens Hjerte. Uden den svinder den fortryllelse, der holder vores have i live."

Fiona gispede. Den Magiske Krystal var kilden til al havens magi. Uden den ville hele Den Fortryllede Have visne bort. "Hvem kunne have taget den?" spurgte hun, hendes stemme rystende.

Oliver sukkede, hans grene hang. "Den blev stjålet af Griselda, den onde heks, der bor i Mørkeskoven. Hun misunder vores haves skønhed og ønsker at ødelægge den."

Fiona vidste, at hun måtte få den Magiske Krystal tilbage, uanset faren. Med et beslutsomt blik satte hun kurs mod Mørkeskoven. Rejsen var lang og fyldt med farer. Fiona fløj over tornede buske, gennem hvirvlende tåger og forbi uhyggelige skygger. Men hun var ikke bange. Tanken om at redde sin elskede have gav hende mod.

Da hun trådte ind i Mørkeskoven, stod træerne høje og truende, deres grene som forvredne kløer. Fiona hørte en ondskabsfuld latter ekko gennem mørket. Det var Griselda, der frydede sig over sin ondskab.

Fiona fulgte lyden og fandt snart heksen i en lysning, hvor hun holdt den Magiske Krystal. Griselda var et skræmmende syn med vildt hår og øjne, der strålede af ondskab. Men Fiona stod fast.

"Giv den Magiske Krystal tilbage, Griselda!" krævede Fiona, hendes stemme stabil. "Den Fortryllede Have har brug for den for at overleve."

Griselda hånede. "Og hvorfor skulle jeg det, lille fe? Hvad kan du muligvis gøre for at stoppe mig?"

Fiona tog en dyb indånding og talte fra hjertet. "Fordi haven er et sted for skønhed og lykke. Den bringer glæde til alle, der besøger den. At ødelægge den vil ikke bringe dig lykke. Kun venlighed og kærlighed kan det."

Et øjeblik blev Griselda's øjne blødere, men så rynkede hun panden. "Nok af dine tåbeligheder! Hvis du vil have krystallen, må du besejre mig."

Med det vinkede Griselda med sin stav, og en sværm af mørke, skyggefulde skabninger dukkede op, klar til at angribe Fiona. Men Fiona var hurtig og klog. Hun svævede gennem luften, hendes vinger en tåge af lys. Hun brugte sin magi til at skabe en barriere af blomster, der beskyttede hende mod skyggerne.

Kampen rasede, men Fionas beslutsomhed vaklede aldrig. Hun kaldte på havens ånd, og blomster fra hele Mørkeskoven reagerede på hendes bøn. De voksede og vred sig, fangende de skyggefulde skabninger i et duftende fængsel.

Griselda, der så sine håndlangere besejret, blev rasende. Hun løftede sin stav for at kaste en sidste, frygtelig besværgelse, men Fiona, med en hurtig bevægelse, snuppede den Magiske Krystal fra heksens greb.

"Nej!" skreg Griselda, men det var for sent. Fiona holdt krystallen højt, og dens lys spredte sig gennem skoven, forjagende mørket og genoprettende magien til Den Fortryllede Have.

Med krystallen sikkert i sine hænder fløj Fiona tilbage til haven. Så snart hun placerede den tilbage i Havens Hjerte, rankede blomsterne sig op, deres farver blev levende, og deres kronblade stærke. Træerne svajede af glæde, og luften var fyldt med duften af blomstrende blomster.

Oliver egetræ talte igen, hans stemme fyldt med stolthed. "Du har gjort det, Fiona. Du har reddet Den Fortryllede Have."

Fiona smilede, hendes hjerte svulmende af lykke. "Det var ikke kun mig," sagde hun og så sig omkring i haven. "Det var havens ånd og den kærlighed, vi alle deler, der reddede den."

Fra den dag af blomstrede Den Fortryllede Have mere end nogensinde. Fiona fortsatte med at sprede glæde og skønhed, vidende at kærlighed og venlighed var den sande magi, der holdt haven i live.

Og hvad angår Griselda, så ændrede hun sig også. Berørt af Fionas ord lærte hun langsomt værdien af venlighed og blev til sidst en ven af haven, hvor hun hjalp med at beskytte den mod skade.

Mummy Bear's Great Adventure

Once upon a time, in the heart of the Whispering Woods, there lived a mummy bear named Bella and her two cubs, Benny and Bonnie. Bella was the most loving and caring mummy bear you could ever imagine. Her fur was as soft as a cloud, and her eyes twinkled like stars whenever she looked at her little ones.

Benny and Bonnie were lively and adventurous cubs, always curious about the world beyond their cozy den. They would spend their days playing hide-and-seek among the trees, chasing butterflies, and splashing in the crystal-clear river that ran through the forest.

One sunny morning, as the cubs were playing near the river, Bella noticed something unusual. The river, usually so full of life, seemed quieter than usual. The fish weren't jumping, and the birds that normally sang from the trees were silent. Bella's instincts told her something was wrong.

"Benny, Bonnie, come here," she called softly.

The cubs scampered over, their faces flushed with excitement. "What is it, Mummy?" asked Benny, his eyes wide.

Bella looked at them seriously. "I think something is wrong with our forest. The river isn't as lively as it used to be, and the birds are not singing. We need to find out what's happening."

Bonnie, always the brave one, puffed out her chest. "We'll help you, Mummy! We'll find out what's wrong!"

Bella smiled at her cubs' enthusiasm. "Alright, but we must be careful. We'll go together and stay close."

The trio set off through the forest, following the river upstream. As they walked, Bella kept a watchful eye on her cubs, making sure they stayed safe. The forest seemed different today, quieter and less vibrant.

After a while, they came across an old beaver named Baxter. Baxter was known for his wisdom and his knowledge of the forest.

"Hello, Baxter," Bella greeted him. "Have you noticed anything strange about the river today?"

Baxter nodded, his face serious. "Yes, Bella, I have. The water level has dropped, and the fish are struggling. I believe something is blocking the river upstream."

Benny's ears perked up. "Can we go see what it is, Mummy?"

Bella hesitated for a moment but then nodded. "Yes, but we must be very careful."

They continued their journey, climbing over rocks and pushing through bushes. The further they went, the more difficult the path became. But Bella and her cubs were determined to find out what was wrong.

Finally, they reached a point where the river was almost completely dry. Bella gasped as she saw a huge pile of logs and branches blocking the water. It was a dam, built by a family of beavers who had recently moved to the forest.

"Oh no," said Bella. "This dam is stopping the river's flow and affecting the whole forest. We need to talk to the beavers and see if we can find a solution."

They approached the dam cautiously and soon met the beaver family. The leader, a large beaver named Barry, looked at them curiously.

"Hello, I'm Bella, and these are my cubs, Benny and Bonnie. We live downstream, and we've noticed that the river isn't flowing like it used to. Your dam is blocking the water and causing problems for the forest."

Barry nodded thoughtfully. "I didn't realize our dam would cause so much trouble. We just wanted to build a home for our family. Perhaps we can find a way to adjust the dam so the water can flow freely again."

Bella smiled. "That would be wonderful. We can all work together to find a solution."

And so, Bella, her cubs, and the beaver family worked together to modify the dam. They carefully moved some of the logs and branches to allow the water to flow while still maintaining the beavers' home. It was hard work, but everyone was determined to help the forest.

By the end of the day, the river was flowing again, and the forest began to come alive once more. The fish swam happily, the birds returned to their songs, and the trees seemed to stand taller.

Benny and Bonnie cheered. "We did it, Mummy! We saved the forest!"

Bella hugged her cubs tightly. "Yes, we did. I'm so proud of you both."

Barry the beaver approached Bella with a grateful smile. "Thank you for your help and understanding, Bella. We're glad we could find a solution together."

From that day on, Bella and her cubs became friends with the beaver family. They often visited each other, sharing stories and helping to take care of the forest. Benny and Bonnie learned the importance of working together and understanding others, no matter how different they might be.

The Whispering Woods flourished once more, thanks to the cooperation and friendship of its inhabitants. And Bella, Benny, and Bonnie continued to explore, play, and protect their beloved forest, knowing that together, they could overcome any challenge.

Mor Bjørns Store Eventyr

Engang for længe siden, i hjertet af Hviskende Skov, boede en mor bjørn ved navn Bella og hendes to unger, Benny og Bonnie. Bella var den mest kærlige og omsorgsfulde mor bjørn, man kunne forestille sig. Hendes pels var så blød som en sky, og hendes øjne glimtede som stjerner, når hun så på sine små.

Benny og Bonnie var livlige og eventyrlystne unger, altid nysgerrige efter verdenen udenfor deres hyggelige hule. De brugte deres dage på at lege gemmeleg mellem træerne, jagte sommerfugle og plaske i den krystalklare flod, der løb gennem skoven.

En solrig morgen, mens ungerne legede ved floden, bemærkede Bella noget usædvanligt. Floden, som normalt var fuld af liv, virkede mere stille end normalt. Fiskene sprang ikke, og fuglene, der normalt sang fra træerne, var tavse. Bellas instinkter fortalte hende, at noget var galt.

"Benny, Bonnie, kom her," kaldte hun blidt.

Ungerne løb over til hende, deres ansigter røde af spænding. "Hvad er der, mor?" spurgte Benny med store øjne.

Bella så alvorligt på dem. "Jeg tror, der er noget galt med vores skov. Floden er ikke så livlig, som den plejer at være, og fuglene synger ikke. Vi skal finde ud af, hvad der sker."

Bonnie, altid den modige, skød brystet frem. "Vi vil hjælpe dig, mor! Vi finder ud af, hvad der er galt!"

Bella smilede af sine ungers entusiasme. "Godt, men vi skal være forsigtige. Vi går sammen og bliver tæt på hinanden."

Trioen satte af sted gennem skoven og fulgte floden opstrøms. Mens de gik, holdt Bella et vågent øje med sine unger og sørgede for, at de var sikre. Skoven virkede anderledes i dag, mere stille og mindre livlig.

Efter et stykke tid stødte de på en gammel bæver ved navn Baxter. Baxter var kendt for sin visdom og sin viden om skoven.

"Hej, Baxter," hilste Bella. "Har du bemærket noget mærkeligt ved floden i dag?"

Baxter nikkede, hans ansigt alvorligt. "Ja, Bella, det har jeg. Vandstanden er faldet, og fiskene kæmper. Jeg tror, noget blokerer floden opstrøms."

Bennys ører spidsede til. "Kan vi gå hen og se, hvad det er, mor?"

Bella tøvede et øjeblik, men nikkede så. "Ja, men vi skal være meget forsigtige."

De fortsatte deres rejse, klatrende over klipper og skubbende sig gennem buske. Jo længere de gik, desto mere vanskelig blev stien. Men Bella og hendes unger var fast besluttede på at finde ud af, hvad der var galt.

Til sidst nåede de et punkt, hvor floden næsten var helt tør. Bella gispede, da hun så en kæmpe bunke af træstammer og grene, der blokerede vandet. Det var en dæmning, bygget af en familie af bævere, der for nylig var flyttet til skoven.

"Åh nej," sagde Bella. "Denne dæmning stopper flodens strøm og påvirker hele skoven. Vi må tale med bæverne og se, om vi kan finde en løsning."

De nærmede sig dæmningen forsigtigt og mødte snart bæverfamilien. Lederen, en stor bæver ved navn Barry, så nysgerrigt på dem.

"Hej, jeg er Bella, og disse er mine unger, Benny og Bonnie. Vi bor nedstrøms, og vi har bemærket, at floden ikke flyder, som den plejer. Jeres dæmning blokerer vandet og forårsager problemer for skoven."

Barry nikkede eftertænksomt. "Jeg vidste ikke, at vores dæmning ville forårsage så mange problemer. Vi ville bare bygge et hjem til vores familie. Måske kan vi finde en måde at justere dæmningen på, så vandet kan flyde frit igen."

"Bella smilede. "Det ville være vidunderligt. Vi kan alle arbejde sammen om at finde en løsning."

Og så arbejdede Bella, hendes unger og bæverfamilien sammen om at modificere dæmningen. De flyttede omhyggeligt nogle af stammerne og grenene, så vandet kunne flyde frit, samtidig med at bævernes hjem blev bevaret. Det var hårdt arbejde, men alle var fast besluttede på at hjælpe skoven.

Ved dagenes ende flød floden igen, og skoven begyndte at komme til live igen. Fiskene svømmede glad, fuglene vendte tilbage til deres sange, og træerne syntes at stå højere.

Benny og Bonnie jublede. "Vi gjorde det, mor! Vi reddede skoven!"

Bella omfavnede sine unger tæt. "Ja, det gjorde vi. Jeg er så stolt af jer begge."

Barry bæver nærmede sig Bella med et taknemmeligt smil. "Tak for jeres hjælp og forståelse, Bella. Vi er glade for, at vi kunne finde en løsning sammen."

Fra den dag af blev Bella, Benny og Bonnie venner med bæverfamilien. De besøgte hinanden ofte, delte historier og hjalp med at passe på skoven. Benny og Bonnie lærte vigtigheden af at arbejde sammen og forstå andre, uanset hvor forskellige de måtte være.

Hviskende Skov blomstrede igen, takket være beboernes samarbejde og venskab. Og Bella, Benny og Bonnie fortsatte med at udforske, lege og beskytte deres elskede skov, vidende at sammen kunne de overvinde enhver udfordring.

The Tale of Tilly's Lost Tutu

Once upon a time, in the bustling town of Starlightville, there lived a young ballerina named Tilly. Tilly had a passion for dancing that shimmered brighter than the stars themselves. Her days were spent twirling and leaping through the air, her feet barely touching the ground as she practiced her pirouettes and pliés.

But Tilly had a secret that made her performances truly magical: her lucky tutu. It was made of the softest pink silk, adorned with tiny silver stars that sparkled in the spotlight. Tilly believed that her tutu brought her luck and helped her dance with grace and precision.

One crisp morning, as Tilly was preparing for a special ballet recital at the Starlightville Theater, disaster struck. She searched high and low in her dressing room but couldn't find her beloved tutu anywhere.

"Oh no!" Tilly exclaimed, her heart sinking. "Where could it be?"

Her ballet shoes clacked against the wooden floor as she hurried through the theater, asking everyone she met if they had seen her tutu. But no one had seen it.

Just as Tilly was about to give up hope, she heard a faint giggle coming from behind the stage curtain. She peeked behind it and found a mischievous trio of mice, each wearing a tiny piece of her tutu.

"Hey! That's mine!" Tilly cried, trying to catch the mice as they scurried away.

The mice giggled louder and darted into a hidden passage. Tilly, determined to get her tutu back, followed them through a labyrinth of tunnels beneath the theater. The air was musty and filled with the scent of old costumes and stage props.

Finally, Tilly reached a dusty old storeroom where the mice had gathered around her tutu, admiring its shimmering fabric.

"Please give it back," Tilly pleaded, her hands reaching out to take her tutu from the mice.

The mice chattered among themselves before finally agreeing, seeing Tilly's distress. They handed her the tutu, and Tilly inspected it carefully. It had a few tiny holes where the mice had nibbled on the silk, but otherwise, it was still as beautiful as ever.

"Thank you," Tilly said gratefully, carefully folding the tutu and tucking it under her arm.

As she turned to leave, one of the mice tugged at her ballet slipper. "Wait! Can we watch you dance?"

Tilly hesitated for a moment before smiling warmly. "Of course! You can sit right here and watch me perform."

The mice squealed with delight and scurried to find a comfortable spot. Tilly took a deep breath, closed her eyes, and let the music transport her. With each graceful movement, she danced with all her heart, twirling and leaping across the stage as if she were floating on air.

The mice watched in awe, their eyes wide with wonder at Tilly's talent and beauty. When Tilly finally took her bow, the mice cheered and clapped their tiny paws together.

"Thank you for letting us watch," one of the mice said shyly.

Tilly smiled warmly. "You're welcome. And thank you for returning my tutu."

With a wave goodbye, Tilly left the storeroom and hurried back to the dressing room. She put on her lucky tutu and felt a surge of confidence and happiness wash over her. As she stepped onto the stage for her recital, Tilly danced like never before, her movements filled with joy and gratitude.

From that day on, Tilly never forgot the kindness of the mice or the lesson they taught her about sharing and compassion. And whenever she danced in her lucky tutu, she knew that its magic came not just from its shimmering fabric, but from the love and friendship she shared with everyone around her.

Fortællingen om Tillys Mistede Tutu

Engang i den travle by Stjernely, boede der en ung ballerina ved navn Tilly. Tilly havde en lidenskab for dans, der skinnede lysere end stjernerne selv. Hendes dage blev tilbragt med at snurre og springe gennem luften, hendes fødder næsten rørte ikke jorden, mens hun øvede sine piruetter og pliés.

Men Tilly havde en hemmelighed, der gjorde hendes forestillinger virkelig magiske: hendes heldige tutu. Det var lavet af det blødeste lyserøde silke, pyntet med små sølvstjerner, der funklede i rampelyset. Tilly troede, at hendes tutu bragte hende held og hjalp hende med at danse med nåde og præcision.

En frisk morgen, mens Tilly forberedte sig til en særlig balletforestilling på Stjernely Teater, skete der en katastrofe. Hun ledte højt og lavt i sit omklædningsrum, men kunne ikke finde sin elskede tutu nogen steder.

"Åh nej!" udbrød Tilly, hendes hjerte sank. "Hvor mon den kan være?"

Hendes balletsko klappede mod det trægulv, mens hun skyndte sig gennem teatret og spurgte alle, hun mødte, om de havde set hendes tutu. Men ingen havde set den.

Lige da Tilly var ved at opgive håbet, hørte hun en svag latter komme fra bag scenetæppet. Hun kiggede bag det og fandt en skælmagtig trio af mus, hver med en lille del af hendes tutu på.

"Hej! Det er min!" råbte Tilly og prøvede at fange musene, mens de løb væk.

Musene grinede højere og sneg sig ind i en skjult passage. Tilly, fast besluttet på at få sin tutu tilbage, fulgte dem gennem et labyrint af tunneller under teatret. Luften var muggen og fyldt med duften af gamle kostumer og sceneprop.

Endelig nåede Tilly en støvet gammel lager, hvor musene havde samlet sig omkring hendes tutu og beundrede dens glitrende stof.

"Vær sød at give den tilbage," bad Tilly, hendes hænder strakte sig ud for at tage tutuen fra musene.

Musene snakkede indbyrdes, før de endelig blev enige og overgav tutuen til hende. Tilly inspicerede den omhyggeligt. Der var et par små huller, hvor musene havde gnasket i silken, men ellers var den stadig lige så smuk som før.

"Tak," sagde Tilly taknemmeligt, omhyggeligt foldede tutuen sammen og gemte den under armen.

Da hun vendte sig for at gå, trak en af musene i hendes balletsko. "Vent! Kan vi se dig danse?"

Tilly tøvede et øjeblik, før hun smilede varmt. "Selvfølgelig! I kan sidde lige her og se mig optræde."

Musene skreg af begejstring og skyndte sig for at finde en behagelig plads. Tilly tog en dyb indånding, lukkede øjnene og lod musikken transportere hende væk. Med hver graciøs bevægelse dansede hun af hele sit hjerte, snurrende og springende hen over scenen, som om hun svævede på luften.

Musene så på med ærefrygt, deres øjne store af undren over Tillys talent og skønhed. Da Tilly endelig bukkede, jublede musene og klappede deres små poter sammen.

"Tak, fordi I lod os se det," sagde en af musene genert.

Tilly smilede varmt. "Selv tak. Og tak fordi I gav mig min tutu tilbage."

Med et bølg farvel forlod Tilly lageret og skyndte sig tilbage til omklædningsrummet. Hun tog sin heldige tutu på og følte en bølge af tillid og lykke skylle gennem hende. Da hun trådte ud på scenen til sin forestilling, dansede Tilly som aldrig før, hendes bevægelser fyldt med glæde og taknemmelighed.

Fra den dag glemte Tilly aldrig musenes venlighed eller den lektie, de lærte hende om at dele og medfølelse. Og når hun dansede i sin heldige tutu, vidste Tilly, at dens magi kom ikke kun fra dens glitrende stof, men fra kærligheden og venskabet hun delte med alle omkring hende.

Percy the Parrot's Peculiar Adventure

Once upon a time, in a cozy little pet shop nestled between bustling streets, there lived a parrot named Percy. Now, Percy was not just any ordinary parrot; he was extraordinary in every way. His feathers were a dazzling mix of emerald green and sapphire blue, and his squawks could be heard echoing through the entire shop.

But what made Percy truly remarkable was his ability to mimic anything and anyone he heard. He could imitate the shopkeeper's booming laugh, the customers' chatter, and even the meows of the mischievous shop cat, Mr. Whiskers. Percy loved showing off his talents, and the customers adored him for it.

One sunny morning, as Percy perched on his favorite swing in the corner of the shop, he overheard a conversation that intrigued him. Two elderly ladies were browsing through the aisles, chatting about a faraway jungle where parrots spoke in a secret language and sang melodies that could make rainbows appear.

"Oh, imagine hearing such a beautiful bird!" exclaimed one of the ladies.

"Yes, I've always dreamed of seeing exotic parrots in their natural habitat," replied the other wistfully.

Percy's feathers ruffled with excitement. He had never heard of such a place, and he couldn't help but wonder if his own talents would impress the parrots there.

That night, after the shop had closed and everyone was fast asleep, Percy decided to embark on an adventure. He carefully untied the latch on his cage and flitted out into the moonlit night. The city was quiet and still as Percy spread his wings and soared into the sky.

For days, Percy flew tirelessly across vast oceans and towering mountains, following the faint echo of jungle sounds. He faced storms that ruffled his feathers and encountered curious creatures who marveled at his colorful plumage. But Percy was determined to find the jungle where parrots sang in a secret language.

Finally, one misty morning, Percy spotted a lush green canopy below him. He dove down through the mist and found himself surrounded by towering trees and exotic flowers. The air was alive with the calls of creatures he had never heard before.

As Percy explored deeper into the jungle, he noticed flashes of vibrant colors darting between the branches. Parrots with feathers in every shade imaginable greeted him with curious squawks. They were unlike any parrots Percy had ever seen, with feathers that shimmered like precious gems.

"Welcome, traveler!" chirped a wise old parrot with feathers of gold and ruby red. "What brings you to our jungle?"

Percy fluttered down gracefully and puffed out his chest proudly. "I've come to learn your secret language and share my own talents with you!"

The parrots exchanged glances, intrigued by Percy's boldness. They led him to a clearing where the trees formed a natural amphitheater. Percy perched on a branch while the parrots gathered around, their colorful feathers glowing in the sunlight.

"Show us what you can do," encouraged the wise old parrot.

Percy took a deep breath and began to mimic the sounds of the jungle: the rustling of leaves, the gurgling of a nearby stream, and the melodic calls of the parrots themselves. His voice echoed through the jungle, blending perfectly with the natural symphony around him.

The parrots were mesmerized. Never before had they heard a parrot mimic their jungle so accurately. They chirped and squawked in delight, dancing on their branches and showering Percy with colorful petals from the trees.

"You truly are extraordinary, Percy!" exclaimed the wise old parrot. "We welcome you as one of our own."

Percy beamed with pride. He had found not only the jungle of his dreams but also a community of parrots who appreciated his unique talents. From that day on, Percy spent his days exploring the jungle, learning the secret language of the parrots, and sharing his own stories of the world beyond.

And whenever he missed his cozy little pet shop and the familiar voices of the customers, Percy would take flight and soar high above the jungle canopy, squawking joyously to the skies.

Percy Papegøjens Sære Eventyr

Engang for længe siden, i en hyggelig lille dyrehandel gemt mellem travle gader, boede der en papegøje ved navn Percy. Nu var Percy ikke bare en almindelig papegøje; han var ekstraordinær på alle måder. Hans fjer var en forbløffende blanding af smaragdgrøn og safirblå, og hans skriger kunne høres ekkoende gennem hele butikken.

Men hvad der gjorde Percy virkelig bemærkelsesværdig, var hans evne til at efterligne alt og alle, han hørte. Han kunne imitere butiksejerens brummende latter, kundernes snakken, og endda miavene fra den frække butikskat, Hr. Whiskers. Percy elskede at vise sine talenter, og kunderne beundrede ham for det.

En solrig morgen, mens Percy sad på sin yndlingssvippe i hjørnet af butikken, overhørte han en samtale, der fangede hans interesse. To ældre damer kiggede rundt i gangene og snakkede om en fjerntliggende jungle, hvor papegøjer talte på et hemmeligt sprog og sang melodier, der kunne fremkalde regnbuer.

"Oh, forestil dig at høre sådan en smuk fugl!" udbrød den ene dame.

"Ja, jeg har altid drømt om at se eksotiske papegøjer i deres naturlige levested," svarede den anden drømmende.

Percys fjer krøllede sig af spænding. Han havde aldrig hørt om sådan et sted, og han kunne ikke lade være med at undre sig over, om hans egne talenter ville imponere papegøjerne der.

Den nat, efter at butikken var lukket, og alle sov, besluttede Percy sig for at begive sig ud på et eventyr. Han låste forsigtigt låsen på sin bur op og fløj ud i den månelyse nat. Byen var stille og rolig, da Percy spredte sine vinger og fløj op mod himlen.

I dage fløj Percy udmattende over store oceaner og høje bjerge, fulgte den svage ekko af junglens lyde. Han stødte på storme, der krøllede hans fjer og mødte nysgerrige skabninger, som beundrede hans farverige fjerdragt. Men Percy var fast besluttet på at finde junglen, hvor papegøjer sang på et hemmeligt sprog.

Endelig en tåget morgen spottede Percy en frodig grøn baldakin under sig. Han dykkede ned gennem tågen og fandt sig omgivet af høje træer og eksotiske blomster. Luften var levende med kaldene fra skabninger, han aldrig havde hørt før.

Mens Percy udforskede dybere ind i junglen, bemærkede han hurtige farver, der fløj frem og tilbage mellem grenene. Papegøjer med fjer i alle tænkelige farver hilste ham velkommen med nysgerrige skrig. De var anderledes end nogen papegøjer, Percy nogensinde havde set, med fjer, der glimtede som ædelstene.

"Velkommen, rejsende!" kvitrede en vis gammel papegøje med fjer af guld og rubinrød. "Hvad bringer dig til vores jungle?"

Percy fløj elegant ned og puffede stolt sit bryst ud. "Jeg er kommet for at lære jeres hemmelige sprog og dele mine egne talenter med jer!"

Papegøjerne udvekslede blikke, fascineret af Percys mod. De førte ham til en lysning, hvor træerne dannede en naturlig amfiteater. Percy satte sig på en gren, mens papegøjerne samledes omkring, deres farverige fjer glødende i sollyset.

"Vis os, hvad du kan," opmuntrede den vise gamle papegøje.

Percy tog en dyb indånding og begyndte at efterligne junglens lyde: raslen af blade, gurglen af en nærliggende strøm og de melodiske kald fra papegøjerne selv. Hans stemme ekkoede gennem junglen og smeltede perfekt sammen med den naturlige symfoni omkring ham.

Papegøjerne var fortryllede. Aldrig før havde de hørt en papegøje efterligne deres jungle så præcist. De kvitrede og skreg af glæde, dansede på deres grene og overøsede Percy med farverige kronblade fra træerne.

"Du er virkelig ekstraordinær, Percy!" udbrød den vise gamle papegøje. "Vi byder dig velkommen som en af vores egne."

Percy strålede af stolthed. Han havde ikke kun fundet junglen i sine drømme, men også en fællesskab af papegøjer, der værdsatte hans unikke talenter. Fra den dag tilbragte Percy sine dage med at udforske junglen, lære papegøjernes hemmelige sprog og dele sine egne historier om verden udenfor.

Og når han savnede sin hyggelige lille dyrehandel og de velkendte stemmer fra kunderne, ville Percy tage flugten og stige højt op over junglens baldakin, skriger glædeligt mod himlen.